DEN ULTIMATA BRANDSIDEN VÄRMARE2024

Drycker, godis och Delbara objekt att njuta av runt lägerelden

Ingvar Löfgren

Copyright Material ©2024

Alla rättigheter förbehållna

Ingen del av denna bok får användas eller överföras i någon form eller på något sätt utan korrekt skriftligt medgivande från utgivaren och upphovsrättsinnehavaren, förutom korta citat som används i en recension . Den här boken bör inte betraktas som en ersättning för medicinsk, juridisk eller annan professionell rådgivning.

INNEHÅLLSFÖRTECKNING

INNEHÅLLSFÖRTECKNING **3**
INTRODUKTION **6**
DELTAGARE **7**

    1. CAMPING DONUT HOLES 8
    2. BACKPACKER BARER 10
    3. ORANGE CUP PEPPARKAKOR 12
    4. CAMPING BRÖD PIZZA SMÖRGÅSAR 14
    5. CAMP MED SPETT CANTALOUPE 16
    6. CHUCKWAGON KABOBS 18
    7. CAMPING ORANGE MUFFINS 20
    8. CAMPING FRENCH TOAST 22
    9. INGEFÄRSBRÖD OCH ÄPPELMOS 24
    10. CAMPING BLUE CORN TORTILLAS 26
    11. BASIC BANNOCK BRÖD 28
    12. LÄGERBRÖD 31
    13. CAMP CORNBREAD 33
    14. BAKAD BACONPOTATIS 35
    15. CAMP DONUTS 37
    16. CAMPFIRE MONKEY BREAD 39
    17. HOLLÄNDSKT UGNSÖLBRÖD 41
    18. VARMA SMÖRGÅSAR VID LÄGERELD 43
    19. CAMPINGJÄSTPANNKAKOR _ 45

SÖTSAKER **47**

    20. BANAN BÅT 48
    21. BACKCOUNTRY TÅRTA 50
    22. CAMPING ORANGE SURPRISE 52
    23. SKOMAKARE FÖR LÄGERELD 54
    24. SÖTA GODSAKER 56
    25. JORDNÖTSSMÖRKAKOR 58
    26. SMORE-TAKULÄRA ÄPPLEN 60
    27. CAMPING DUMP CAKE 62
    28. GODSAKER MED CHERRY FUDGE 64
    29. KAFFEBURKGLASS 66

30. Trail Brownies 68
31. Lägereld kaneläpplen 70
32. Campfire Cinnamon Coffeecake 72
33. Campfire Fondue 74

DRYCK 76

34. Campfire Hot Cocoa 77
35. Camping Cowboy Coffee 79
36. Belgisk Hot Toddy 81
37. Chai Hot Toddy 83
38. Peach Hot Toddy 85
39. Elderberry Hot Toddy Elixir 87
40. Heather Honey Hot Toddy 89
41. Glögg rosmarinvin & svart te 91
42. Mulled Ale med kryddor och konjak 93
43. Kardemumma och roskryddad varm choklad 95
44. Mexikansk-inspirerad kryddad varm choklad 97
45. Pepparkakor kryddad varm choklad 99
46. Chai kryddad varm choklad 101
47. Peta varm choklad 103
48. Red Velvet Hot Chocolate 105
49. Ostig varm choklad 107
50. Getost och honung varm choklad 109
51. Blå ost Varm choklad 111
52. Parmesan och havssalt varm choklad 113
53. Pepper Jack och Cayenne varm choklad 115
54. Toblerone varm choklad 117
55. Cheesy Hot Toddy 119
56. Kokos varm choklad 121
57. Ferrero Rocher varm choklad 123
58. Honeycomb Candy Hot Chocolate 125
59. Lönn varm choklad 127
60. Rose varm choklad 129
61. Orange Blossom varm choklad 131
62. Fläderblomma varm choklad 133
63. Hibiskus varm choklad 135
64. Lavendel varm choklad 137

65. Mörk Matcha varm choklad 139
66. Mint varm choklad 141
67. Rosmarin varm choklad 143
68. Basilika varm choklad 145
69. Salvia varm choklad 147
70. Oreo vit varm choklad 149
71. Biscoff varm choklad 151
72. Snickerdoodle varm choklad 153
73. Mint Chocolate Chip Hot Chocolate 155
74. Gingerbread Hot Chocolat e 157
75. Glögg 159
76. Pudsey björnkex Varm choklad 161
77. Brownie varm choklad 163
78. Açaí varm choklad 165
79. Schwarzwald varm choklad 167
80. Kryddig aztekisk varm choklad med tequila 169
81. Jordgubbs varm choklad 171
82. Apelsin varm choklad 173
83. Hallon varm choklad 175
84. Banan varm choklad 177
85. Nutella varm choklad 179
86. PB&J-inspirerad varm choklad 181
87. Jordnötssmör Banan varm choklad 183
88. Serendipitys frysta varm choklad 185
89. Amaretto varm choklad 187
90. Vininfunderad varm choklad 189
91. Piggad pepparmynta varm choklad 191
92. RumChata kryddad varm choklad 193
93. Kryddad apelsin varm choklad 195
94. Café Au Lait 197
95. Klassisk amerikansk 199
96. Macchiato 201
97. Mocka 203
98. Latte 205
99. Baileys Irish Cream Hot Chocolate 207
100. Mexikanskt kryddat kaffe 209

SLUTSATS 211

INTRODUKTION

Välkommen till "DEN ULTIMATA BRANDSIDEN VÄRMARE2024", din bästa guide för att skapa en mysig och härlig upplevelse runt lägerelden. Den här kollektionen är en hyllning till värmen och kamratskapet som kommer med att dela drinkar, godis och dela saker i lågornas fladdrande skenet. Följ med oss på en resa som förvandlar dina utomhussammankomster till minnesvärda stunder fyllda med tröstande godsaker och glädjen av samvaro.

Föreställ dig en scen där den sprakande brasan ger bakgrund för skratt, berättelser och doften av läckra godsaker vid brasan. "DEN ULTIMATA BRANDSIDEN VÄRMARE2024" är inte bara en samling recept; det är en utforskning av konsten att skapa minnesvärda stunder runt lägerelden. Oavsett om du campar med vänner, är värd för en brasa på bakgården eller helt enkelt är sugen på mysigheten på en kväll vid brasan, är dessa recept framtagna för att förbättra din utomhusupplevelse med härliga drinkar, godis och delbara saker.

Från värmande drycker som kryddad cider och varm choklad till sliskig s'mores och välsmakande lägereldssnacks, varje recept är en hyllning till de smaker och traditioner som gör sammankomster vid brasan speciella. Oavsett om du smuttar på en tröstande drink, njuter av en söt godbit eller delar smakfulla bitar med vänner, är den här kollektionen din guide till att höja din brasavärmare.

Följ med oss när vi ger oss ut på en resa genom en värld av läckerheter vid brasan, där varje skapelse är ett bevis på glädjen att samlas runt elden, få kontakt med nära och kära och njuta av de enkla nöjena i utomhusstunder. Så samla dina filtar, elda upp lågorna och låt oss skapa bestående minnen med "DEN ULTIMATA BRANDSIDEN VÄRMARE2024".

DELTAGARE

1. Camping Donut Holes

INGREDIENSER:
- 2 kärnmjölkskax i burk (öppen typ)
- 1 kopp förkortning
- 1 kopp strösocker eller socker/kanelblandning

SPECIALUTRUSTNING:
- papperspåse

INSTRUKTIONER:
a) På en ren arbetsyta, bryt isär kexburkar och ta varje kex och bryt i fjärdedelar och rulla varje bit till en boll.
b) Smält matfett i pannan.
c) Ta varje boll och stek i panna ca 1 minut på varje sida.
d) Försök att inte övertröja pannan genom att laga mat på en gång. Det blir lättare att bryna varje sida.
e) Skeda ut bollen och lägg i en påse fylld med socker och skaka.

2.Backpacker barer

INGREDIENSER:
- 1 kopp smör
- 4 ägg - lätt vispade
- 1 ½ dl farinsocker
- 2 dl hela mandlar
- 1 kopp snabbkokt havre
- 1 kopp chokladchips
- 1 kopp fullkornsmjöl
- ½ dl hackade dadlar
- 1 kopp vitt mjöl
- ½ kopp hackade torkade aprikoser
- ½ kopp vetegroddar
- ½ dl riven kokos
- 4 tsk rivet apelsinskal

INSTRUKTIONER:
a) Värm ugnen till 350. Grädde smör med 1 dl farinsocker.
b) Rör ner havre, vetemjöl, vitt mjöl, vetegroddar och apelsinskal.
c) Tryck ut blandningen i botten av en osmord 9 x 13-tums bakplåt.
d) Blanda ägg, mandel, chokladchips, dadlar, aprikoser, kokos och resterande ½ kopp farinsocker. Blanda försiktigt, men noggrant.
e) Häll över smörblandningen. Fördela jämnt. Grädda 30-35 minuter och svalna innan du skär i barer.

3.Orange Cup pepparkakor

INGREDIENSER:
- 7 apelsiner
- Din favoritpepparkaksblandning

INSTRUKTIONER:
a) Håla ur apelsinerna från toppen och se till att du inte skär ett hål i apelsinen (annat än toppen).
b) Fyll apelsinen halvvägs till toppen med pepparkakssmet.
c) Slå in apelsinen i aluminiumfolie löst.
d) Lägg de aluminiumfolierade apelsinerna i kolen på lägerelden och låt koka i cirka 12 minuter eller så.
e) Testa dem för att se om pepparkakorna är färdiga. Om inte, lägg tillbaka i kolen och koka några minuter till.
f) Njut av!

4.Camping Bröd Pizza Smörgåsar

INGREDIENSER:
- Bröd
- Smör
- 1 burk pizzasås
- Pepperoni, skivad
- 1 paket Strimlad Pizzaost

INSTRUKTIONER:
a) Skär en del av folien som är tillräckligt stor för att slå in din pizzasmörgås. Lägg folien med matt sida upp.
b) Smör ena sidan av en brödskiva och lägg den med smörsidan nedåt.
c) Bred pizzasås på bröd. Tillsätt pepperoni (eller vad som helst).
d) Tillsätt pizzaost. Smör ena sidan av en annan brödskiva och lägg den med smörsidan uppåt på din pizzasmörgås.
e) Slå in din pizzasmörgås i folien och lägg på glödande kol 3-4 minuter per sida, beroende på hur varma dina kol verkligen är.
f) Packa upp och ät.

5.Camp med spett cantaloupe

INGREDIENSER:
- 1 cantaloupe
- ½ kopp honung
- ¼ kopp smör
- ⅓ kopp hackade färska myntablad

INSTRUKTIONER:
a) Värm grillen för medelvärme.
b) Trä upp cantaloupebitarna på 4 spett. Värm smör eller margarin med honung i en liten kastrull tills det smält. Rör ner mynta.
c) Pensla cantaloupe med honungsblandning. Olja lätt.
d) Lägg spett på uppvärmd grill. Koka i 4 till 6 minuter, vänd för att tillaga alla sidor.
e) Servera med resterande sås vid sidan av.

6. Chuckwagon Kabobs

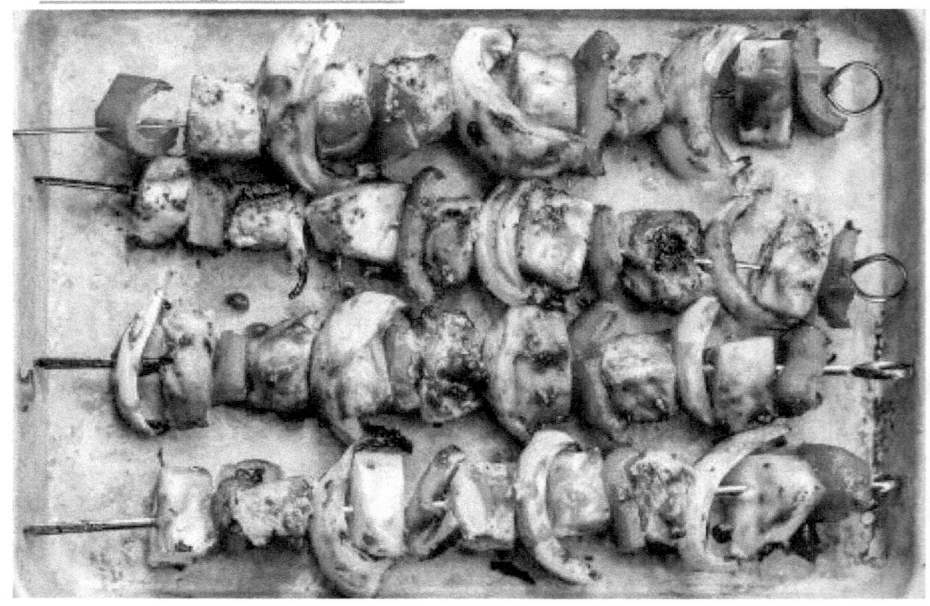

INGREDIENSER:
- 16-ounce paket varmkorvar - skär i tredjedelar
- 16-ounce paket rökt franker -- skuren i tredjedelar
- 30-ounce paket frysta bifffrites

INSTRUKTIONER:
a) Trä alla ingredienser växelvis på spett; slå in löst i kraftig folie, om så önskas.
b) Grilla, utan grilllock, på medelhög värme (350-400 grader) 3-4 minuter på varje sida.

7. Camping Orange Muffins

INGREDIENSER:
- muffinsmix
- färska bär
- 6 hela navelapelsiner

INSTRUKTIONER:
a) Ta din favoritmuffinsmix och lägg i några färska bär.
b) Skär apelsiner på mitten och ta bort delar, men stick inte hål i skalet.
c) Häll muffinsblandningen i apelsinhalvan och täck med den andra halvan. Slå in i folie och koka i 10 till 12 minuter eller enligt instruktionerna för mixen.

8.Camping French Toast

INGREDIENSER:
- 2 pund tjockt skivat bacon
- Surdegsbröd
- 4-6 ägg
- vanilj extrakt
- kanelstänger
- lönnsirap

INSTRUKTIONER:
a) Få igång en riktigt bra eld med kol. Använd en gjutjärnspanna och stek bacon. Ha allt baconfett i pannan.
b) Skiva surdegsbröd i tjocka skivor minst 1 tum tjocka.
c) Vispa ihop ägg, lite vatten, massor av äkta vaniljextrakt och lite riven kanel i en skål.
d) Doppa brödet i äggblandningen, få det gott och blött och lägg i hett baconfett.
e) Koka tills den är god och brun och krispig.
f) Häll äkta lönnsirap över hela toppen.
g) Smakar bäst ute i skogen!

9.Ingefärsbröd och äppelmos

INGREDIENSER:
- 1 låda pepparkaksmix
- 24 uns burk äppelmos

INSTRUKTIONER:
a) Starta en lövträ lägereld.
b) Häll äppelmosen i en smord holländsk ugn av gjutjärn.
c) Blanda pepparkakssmeten enligt anvisning och häll över äppelmosen .
d) Sätt den holländska ugnen med lock på en kolbädd och lägg en spade full med heta kol på locket. Placera INTE den holländska ugnen I en stor bädd av kol, utan bara på ett enda lager av heta kol.
e) Om du använder kol, ställ in den holländska ugnen på en bädd av varmt kol och sätt ungefär samma antal på locket.
f) Kontrollera om den är klar efter 20 minuter. Man vill inte bränna äppelmosen, men man vill att pepparkakan ska bli genomstekt. Använd en tandpetare för att testa. Servera varmt!

10. Camping Blue Corn Tortillas

INGREDIENSER:
- 2 dl blått majsmjöl
- 1 msk olivolja
- 1 ½ kopp varmt vatten
- nypa grovt salt

INSTRUKTIONER:
a) Blanda blått majsmjöl med olivolja och varmt vatten med en nypa salt.
b) Rulla tortillamjölet till runda degbollar ungefär lika stora som en tennisboll och tryck dem platta mellan genomskinliga råvarupåsar.
c) Stek dem över elden i en järnpanna.

11.Basic Bannock bröd

INGREDIENSER:
- 1 kopp mjöl (vitt eller en blandning av vitt och fullkornsvete)
- 1 tsk bakpulver
- ¼ tesked salt
- ¼ kopp torrt mjölkpulver
- 1 matsked matfett

INSTRUKTIONER:
a) Gör blandningen hemma i förväg. Sikta alla torra ingredienser och skär sedan matfettet gradvis i med en konditorivaror eller två knivar tills du har en granulär, majsmjölsliknande blandning.
b) Paket i en dragkedja för enkel transport. Du kan göra stora satser på en gång och göra tillräckligt med Bannock-mix för en resa på kort tid. Se till att sikta de torra ingredienserna väl, så att du inte får jäsproblem.
c) Nyckeln till bakning är en jämn värme. Även om lågor inte indikerar en dålig matlagningseld, fungerar rödglödande eld från lövträ bäst. Börja med en liten gjutjärnsstekpanna och olja den väl.
d) Häll lite vatten i zip-lock-påsen och blanda runt. Eftersom vattnet och bakpulvret bildar koldioxid för att göra brödet lätt, ju snabbare du går från att blanda till stekpanna, desto lättare blir din Bannock (det kommer alltid att finnas klumpar).
e) Hur mycket vatten du tillsätter beror på luftfuktigheten och personlig smak. Du vill inte ha den tunnare än en muffinskonsistens. Du kan fördela degen med ett fingerstick eller en pinne eller en sked om det behövs, men det ska bli en ganska jämn klump. Kom ihåg att det alltid är lättare att tillsätta vatten än att ta ut det.
f) Krama ut blandningen ur påsen och på den uppvärmda pannan (inte skållhet - om oljan ryker är den alldeles för varm). Pannan kan värmas över elden om du har ett galler, eller lutad mot några stockar nära värmekällan . Det ska inte fräsa eller fräsa som en pannkakssmet, det betyder att saker och ting är för varma. Kyl ner och ha tålamod. Brödet kommer att börja jäsa långsamt.
g) Din Bannock kommer att börja se limpa-liknande ut. Vid det här laget vill du vända på den: en liten skakning av pannan och snärta med handleden kan vända den, men en spatel är också rättvist. Vid det här laget är det bara att fortsätta vrida på det. Du vet när det är klart.
h) Om du har ett lock kan du prova att tillaga din Bannock holländska ugnsstil och lägga kol på ditt stekpannalock. Annars kan du vända på den för att tillaga toppen (försiktigt!) eller när botten är klar , stöta pannan mot en stock med toppen mot elden.

12. Lägerbröd

INGREDIENSER:
- 1 lb brödmix, valfri sort
- Bake Packer (aluminiumgaller för botten av grytan)
- 1 gallon ugnspåse
- Vatten
- Pott

INSTRUKTIONER:

a) Lägg brödblandningen i påsen; tillsätt vatten enligt anvisningarna och blanda genom att knåda påsen.
b) Placera påsen i potten; täck och ställ in i solen i en timme eller två.
c) Efter att bröd har jäst, ta försiktigt bort påsen.
d) Placera bake packer i botten av grytan och tillsätt tillräckligt med vatten till grytan för att täcka gallret. Lägg tillbaka brödpåsen i grytan och lägg på locket.
e) Sätt grytan över direkt låga och koka.
f) När tiden har gått, TA INTE AV LOCKET. ställ in i ca 20 minuter till.
g) Ta bort locket; ta bort plastpåsen från potten; skär upp påsen och skala från brödet.
h) Skiva brödet på locket till grytan.

13. Camp Cornbread

INGREDIENSER:
- 1 kopp majsmjöl
- 1 kopp mjöl
- 2 tsk bakpulver
- ¾ teskedar salt
- 1 dl mjölk
- ¼ kopp vegetabilisk olja

INSTRUKTIONER:
a) Blanda torra ingredienser. Rör ner vätskor. Skeda i en väl smord, uppvärmd 10 eller 12-tums gjutjärnspanna.
b) Täck ordentligt.
c) Grädda på låg låga i 20 till 30 minuter, eller tills den är fast i mitten.
d) När du bakar över heta kol, ställ pannan på en låg grill, på en trestensställning i kolen eller direkt på kol. Lägg kol ovanpå locket för att fördela värmen jämnare.
e) Bakad mat är mer benägen att bränna på botten än på toppen. För att förhindra bränning, kontrollera temperaturen på dina kol innan du placerar en kastrull på dem.
f) Håll din hand ungefär sex tum ovanför kolen; det ska vara varmt, men du ska kunna hålla handen på plats i åtta sekunder.

14.Bakad baconpotatis

INGREDIENSER:
- 5 pund rund vit potatis
- 1 pund tunt skivat bacon
- aluminiumfolie

INSTRUKTIONER:

a) Skrubba potatisen i vatten, peta med en gaffel. Slå in i ett lager bacon. Slå in i folie, den blanka sidan mot insidan.

b) Ligg längs kolen av lägerelden, vänd ofta med lång tång.

c) Kontrollera om den är klar genom att peta med en gaffel, när gaffeln lätt glider in i potatisen, ta ut den från elden.

d) Servera med valfritt pålägg och spara eventuella rester för att värmas upp till frukost.

e) Rester kan skäras upp och blandas med äggröra och ost för en snabb utsökt frukost .

15. Camp Donuts

INGREDIENSER:
- Matlagningsolja
- Alla slags kex i en tub från mejeriavdelningen
- Kanel och sockerblandning

INSTRUKTIONER:
a) Värm oljan på en spis till tillräckligt varm för att steka kexen.
b) Gör ett hål i kexen med tummen i mitten.
c) När oljan är klar lägger du munkarna i oljan. Vänd när du är klar.
d) Ta bort från oljan när de fått färg . Rulla genast i kanel- och sockerblandningen.

16. Campfire Monkey Bread

INGREDIENSER:
- 4 burkar kex
- 1 kopp socker
- 1 kopp farinsocker
- 4 msk. kanel
- 1 stav margarin

INSTRUKTIONER:
a) Skär kexen i fjärdedelar.
b) Blanda socker och kanel i en plastpåse. Lägg kexen i påsen och täck väl. Placera i holländsk ugn.
c) Smält margarin och häll över kex; strö över farinsocker.
d) Grädda över medelstora kol 20 till 25 minuter.

17.Holländskt Ugnsölbröd

INGREDIENSER:
- 3 dl självjäsande mjöl
- 3 msk socker
- 1 msk torkade lökflingor
- 12 uns öl, inga mörka öl

INSTRUKTIONER:
a) Blanda allt torrt. Häll i öl; blanda ihop och lägg på arbetsytan. Knåda bara lite till en degboll.
b) Platta ut den och sätt in i en välsmord holländsk ugn .
c) Placera Dutch Oven i kol (⅓ av kolen på botten - ⅔ av kolen på toppen) och grädda cirka 15 till 25 minuter, kontrollera efter de första 10 minuterna eller så.
d) När den är fin och brun på toppen, ta bort och servera.

18.Varma smörgåsar vid lägereld

INGREDIENSER:
- Paket med små middagsrullar, eller 2 dussin kaiserrullar
- 1½ pund rakad deli skinka
- ½ block riven Velveetaost
- 7 hårdkokta ägg i tärningar
- 3 matskedar majonnäs

INSTRUKTIONER:
a) Blanda alla ingredienser och fyll rullarna.
b) Slå in varje smörgås i folie individuellt och värm över lägerelden i cirka 15 minuter.

19.Campingjästpannkakor

INGREDIENSER:
- 3 koppar vitt mjöl (eller blanda vitt och fullkornsvete)
- 3 koppar varm mjölk
- 4 matskedar vegetabilisk olja
- 3 hela ägg, vispa tills det skummar
- 1 tsk salt
- 1 matsked socker
- 2 paket torrjäst (snabbjäst)
- 2 msk vanlig yoghurt

INSTRUKTIONER:
a) Tillsätt båda förpackningarna torrjäst till den varma mjölken.
b) Lös upp jästen helt med hjälp av en trådvisp.
c) Tillsätt denna blandningskombination till mjölet i en stor blandningsskål. Tillsätt sedan ägg och rör om.
d) Tillsätt olja, salt, socker och yoghurt. Efter infällning av dessa
e) ingredienser, täck blandningsskålen med en fuktig handduk och ställ skålen på en varm plats (Om du har en gasugn med en pilotlampa är detta en perfekt plats, annars fungerar en plats i solen bra).
f) Låt smetblandningen jäsa (var som helst från 20 till 40 minuter) tills den har en mycket lätt, skummig konsistens.
g) Hetta upp en stekpanna eller stor stekpanna tills du kan hälla droppar vatten på den och de studsar. Anpassa elden (eller spistemperaturen) så att den passar, men var noga med att hålla elden måttlig. En lägre temperatur fungerar bäst.

SÖTSAKER

20. Banan båt

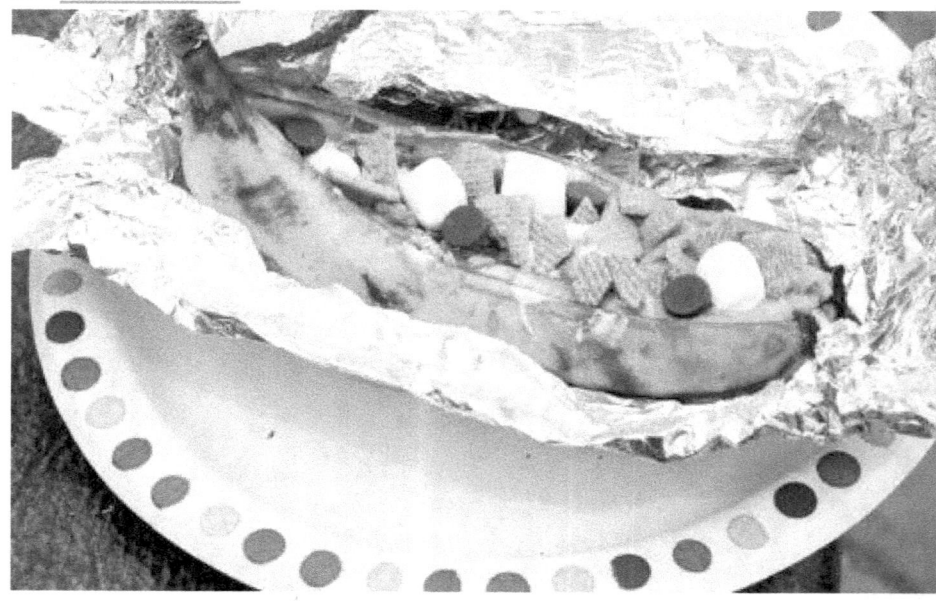

INGREDIENSER:
- 1 mogen banan per person
- mini marshmallows
- chokladbitar
- jordnötssmör

INSTRUKTIONER:
a) Dra tillbaka delen av bananskalet en tum bred, men bryt inte av den från banan (en kniv kan hjälpa till att få den bästa formen)
b) Använd en sked och ös upp lite bananmassa. Fyll med marshmallows, chokladchips och jordnötssmör om så önskas
c) Lägg tillbakadraget skal över banan. Rulla/linda banan i folie och ställ över eller nära lägerelden.
d) Sjung fåniga sånger eller berätta läskiga historier (cirka 10 minuter). Ta bort från elden, packa upp och använd en sked för att ösa upp läckra klickar av sliskig sötma.

21.Backcountry tårta

INGREDIENSER:
- 1 kopp Bisquick
- ⅓ koppar varm kakaomix
- ⅓ koppar socker
- 1 kopp vatten honung

INSTRUKTIONER:
a) Blanda alla fasta ämnen noggrant och blanda sedan långsamt i vatten.
b) Tillsätt smeten i en nonstick eller smord form (vi använde lite olivolja).
c) Tillaga över eld eller spis, men var mycket noga med att kontrollera temperaturen.
d) För att förhindra att botten bränns kan du ändra höjden på pannan eller sätta pannan ovanpå en kastrull med kokande vatten.
e) Om du har en ½ tum tjock mängd smet i din panna, bör det ta cirka 15 minuter att tillaga ordentligt.
f) Om du vill, upprepa för att skapa flera lager och stapla dem tillsammans med honung.

22. Camping Orange Surprise

INGREDIENSER:
- hela apelsiner
- pepparkaksmix
- ingredienser för att göra mix
- äpplen
- russin
- morötter
- vaniljyoghurt
- selleri
- små marshmallows
- Majonnäs

INSTRUKTIONER:

a) Skär apelsiner på mitten och gröp ur insidan (spara skalen).

b) Lägg fruktköttet i en stor skål. Skär äpplena i skivor, tärna morötterna och skär sellerin i små lagom stora bitar. Tillsätt russinen och marshmallows.

c) Blanda majonnäsen och yoghurten till en dressing att använda på salladen.

d) Tillsätt kakmixen och övriga ingredienser i en separat skål.

e) Fyll det urholkade apelsinskalet ¾ fullt med kakmix.

f) Ställ apelsinskalen & kakmixen på jämna kol från din nedbrända eld eller kol. Du kan täcka löst med ett ark folie.

g) Grädda tills det är klart (tandpetaretest). Du har nu en hälsosam sallad och kaka med apelsinsmak till efterrätt.

23.Skomakare för lägereld

INGREDIENSER:
- 2 stora burkar persikor, äpplen eller körsbärssmulkakamix
- 1 ägg
- skvätt mjölk

INSTRUKTIONER:
a) I en holländsk ugn, häll två stora burkar med frukt i grytan.
b) Blanda ihop en låda smulkakamix med ett ägg och lite mjölk.
c) Häll smeten ovanpå frukt och skiva upp en smörstav och lägg skivor ovanpå mixen.
d) Lägg locket på grytan och koka med ett par spadar varma lägereldskol ovanpå locket i ca 30-40 minuter tills kakan är fluffig och smula toppingen är klar.
e) Ta bort kolen och njut. Det är bäst om du låter det svalna. skållning frukt bränner din väns munnar!

24.Söta godsaker

INGREDIENSER:
- kylda kex
- smält smör
- kanel
- socker, honung eller sylt

INSTRUKTIONER:

a) Ta din favorittyp av kylkex och platta till dem något.

b) Linda dem runt en pinne och rosta tills de är gyllenbruna och färdiga inuti.

c) Rulla i smält smör eller margarin (smörspray kan fungera) rulla eller skaka sedan i en blandning av kanel och socker.

d) Smör med farinsocker eller strösocker är också gott, eller så kan man använda honung eller sylt/gelé.

25.Jordnötssmörkakor

INGREDIENSER:
- 1 kopp jordnötssmör
- 1 kopp vanligt mjöl
- 1 kopp farinsocker
- ¼ koppar majonnäs
- ¼ koppar honung

INSTRUKTIONER:

a) Blanda ihop ingredienserna tills de får en jämn konsistens.

b) Förbered elden med lite långsamt kokande ek med lite torr tändning tills det bränts ner till röda lava-liknande kol. Sprid ut kolen jämnt för att fylla gropen från sida till sida som matchar storleken på kokkärlet du ska använda.

c) En panna av gjutjärn eller tung stål fungerar utmärkt och tänk på att ju tunnare formen är desto varmare är temperaturen för bakning. (Du vill försäkra en liten hemgjord ugnsteknik för bakning, inte fräsande eller brännande).

d) Ställ ditt galler över kolen så att det är ungefär fem tums skillnad från kolen till gallret.

e) Mjöla händerna och skeda ut cirka 1 matsked deg i handflatan och rulla den till en form av en halv dollarmynt, cirka en halv tum tjock. Lägg sedan den i pannan och tryck till toppen med en gaffel tills en del av degen pressar sig genom stiften.

f) Fyll formen snyggt med små avstånd mellan kakorna.

g) Täck pannan med ett ark aluminiumfolie, men förslut inte folien mot pannan. (Detta gör att tillagningsprocessen kan hålla värmen men inte ställa in ett ångbad).

h) Krydda din panna mycket lätt, eftersom jordnötssmöret har sin egen olja.

i) Placera pannan på det uppvärmda gallret över elden och låt kakorna grädda i minst 15 minuter med de klyftade topparna som förstärker en ljus eller mörk gyllenbrun nyans, efter din smak.

26.Smore-takulära äpplen

INGREDIENSER:
- äpplen
- chokladkaka uppdelad i rutor
- stora marshmallows

INSTRUKTIONER:
a) Lämna dina äpplen hela, kärna ur dem med en melonbollare, men låt botten vara fast.
b) Släpp två rutor av Hershey's i hålet och förslut det med en stor marshmallow.
c) Slå in i folie och koka i kolen som du skulle göra en bakad potatis.

27. Camping Dump Cake

INGREDIENSER:
- Smör
- 16 uns burkar med fruktpajfyllning
- 1 box kakmix
- ½ kopp vatten

INSTRUKTIONER:
a) Smöra insidan och botten av locket på en holländsk ugn.
b) Häll pajfyllningen i den holländska ugnen.
c) Tillsätt kakmix. Fördela jämnt.
d) Prick toppa med smör. Häll vattnet ovanpå.
e) Lägg locket på den holländska ugnen. Placera holländsk ugn i kol.
f) Skyffla lite kol ovanpå locket.
g) Grädda tum i cirka 30-45 minuter.
h) Testa kakan om den är klar.
i) Om det behövs, placera tillbaka på kol, kontrollera var 10-15 minuter.

28. Godsaker med Cherry Fudge

INGREDIENSER:
- 1 box fudge brownie mix
- 1 ½ dl riven kokos
- 1 ½ koppar hackade, kanderade körsbär
- 2 msk körsbärssmakolja
- 1 kopp hackade valnötter, delade
- pulveriserat socker (för topping)
- Förkortning, för smörjning

INSTRUKTIONER:

a) Följ browniemixanvisningarna på lådan. Tillsätt kokos, ¾ dl valnötter, smaksättningsolja och körsbär.

b) Blanda väl! Häll smeten i en smord holländsk ugn eller täckt bakplåt. Lägg till kol (5 på toppen, 7 under).

c) Baka. Det är gjort när en kniv kommer ut ren.

d) Toppa med resterande valnötter och strö över strösockret.

e) Låt svalna. Skär i rutor.

29.Kaffeburkglass

INGREDIENSER:
- 1 pint halv och halv
- ½ kopp socker
- 1 ägg
- 1 tsk vanilj eller 2 msk chokladsirap eller ¼ kopp jordgubbar

INSTRUKTIONER:
a) Tillsätt ovanstående ingredienser till 1 pund kaffeburken. Sätt på locket på kaffeburken och fäst med tejp.
b) Placera 1 pund kaffeburken i 3 pund kaffeburken.
c) Varva med krossad is och bergsalt och lägg locket på 3 pund kaffeburken.
d) Nu börjar det roliga! Hitta en partner. Sätt dig på marken och rulla kaffeburken fram och tillbaka, 3 till 4 fot från varandra.
e) Rulla i 8 till 10 minuter. Kolla om glassen är hård. Om den inte är det, sätt tillbaka locket och tillsätt mer is och stensalt. Rulla ytterligare 8 minuter. Servera i lagom stora skålar.

30. Trail Brownies

INGREDIENSER:
- ½ koppar grahams kex, krossade
- 1 msk pulveriserad mjölk
- 2 msk valnötter, hackade
- 2 uns chokladchips

INSTRUKTIONER:
a) Hemma: Packa ihop grahamskex och nötter i en påse. Kombinera mjölken och chipsen i en separat påse.
b) På lägret: Tillsätt 2 msk kokande vatten till mjölk/chipsblandningen och rör om tills den smält.
c) Rör snabbt i kex/nötblandningen och låt svalna .

31. Lägereld kaneläpplen

INGREDIENSER:
- Äpplen
- Kanelgodis/Red Hots
- Aluminiumfolie

INSTRUKTIONER:

a) Använd en vass kniv eller äppelkärna, kärna ur varje äpple var noga med att inte gå igenom helt.

b) Fyll varje äpple med kanelgodis och slå in i folie.

c) Lägg på heta kol och värm tills godisarna smälter och äpplena är ganska mjuka.

d) Slå ofta på kol för att säkerställa jämn uppvärmning. Om du gillar mer godis i mitten, kärna ur en större del av äpplet och njut av den utskurna delen medan du väntar på att det ska tillagas

e) Dessa är mycket varma och bör öppnas upptill och lämnas att sitta i cirka 10 minuter efter att ha tagits bort från kol innan du försöker äta dem.

32.Campfire Cinnamon Coffeecake

INGREDIENSER:
- 1 msk smör eller margarin
- 1 kopp förpackad kexblandning (bisquick , etc.)
- ⅓ koppar Indunstad mjölk, outspädd
- 1 msk Berett kanel-socker

INSTRUKTIONER:
a) Gör kaffekaka: Skär smör i små bitar över kexblandning i medelstor skål. Kasta lätt med gaffel tills smöret är täckt .
b) Gör en brunn i mitten.
c) Häll i mjölk och kanel-socker, rör om med gaffel tills blandningen är fuktad .
d) Vänd degen till en lätt smord och mjölad 8 -tums glänsande, tung stekpanna.
e) Med mjölade händer, klappa ner jämnt i stekpannan.
f) Koka, täckt, över mycket låg värme, 12 till 15 minuter, eller tills en tårtprovare eller träplock som satts in i mitten kommer ut ren.

FÖR TOPPING:
g) Bred kaffekakan med 2 msk smör eller margarin.
h) Strö sedan 1 tsk beredd kanel-socker över det hela.
i) Skär i fjärdedelar och servera varma.

33. Campfire Fondue

INGREDIENSER:
- 2 koppar strimlad cheddar ELLER schweizerost
- 2 msk All-purpose mjöl
- ¼ tesked paprika
- 1 burk Gräddsellerisoppa
- ½ dl öl eller vitt vin eller vatten

INSTRUKTIONER:
a) Kombinera soppa och öl. Värm i en vattenkokare på låg värme.
b) Blanda ihop ost, mjöl och paprika.
c) Lägg i en vattenkokare, rör om tills osten är helt smält .
d) Servera med franska brödkuber .

DRYCK

34. Campfire Hot Cocoa

INGREDIENSER:
- 8 liter pulvermjölk
- 16 uns Nestlé Quick
- 1 kopp pulveriserat socker

INSTRUKTIONER:

a) Blanda alla ingredienser, förvara i en försluten behållare.

b) För att göra varm kakao: tillsätt 5 teskedar mix till 8 uns varmt vatten.

35. Camping Cowboy Coffee

INGREDIENSER:
- 1 msk grovmalet kaffe
- 8 uns kopp

SPECIALUTRUSTNING:
- liten, ren pinne eller småstenskopp lämplig för en varm dryck ren bandana

INSTRUKTIONER:
a) Häll vattnet i grytan och låt det koka upp. Det kommer att koka snabbare med ett lock på.
b) När vattnet kokar, tillsätt en matsked grovmalet kaffe per kopp. Tillsätt mindre om du föredrar svagt kaffe, mer om du vill ha det starkt.
c) Låt vattnet koka i två eller tre minuter och ta sedan bort kaffekannan från värmen. Lägg märke till att en del av kaffesumpen flyter på ytan medan andra har sjunkit till botten av grytan.
d) Ta pinnen eller stenen och släpp den i kaffekannan.
e) Detta kommer att bryta ytspänningen och tillåta att den flytande marken sjunker.
f) När sumpen har lagt sig i botten, häll kaffet i din kopp. Om du verkligen är orolig för att få kaffesump i tänderna, använd en bandana för att hälla igenom kaffet.
g) Men försiktig upphällning kan minimera mängden jord som hamnar i din kopp, liksom att försiktigt smutta.

36. Belgisk Hot Toddy

INGREDIENSER:
- 1 kopp varmt vatten
- 2 uns belgisk whisky eller genever
- 1 matsked honung
- 1 citronskiva
- Kryddnejlika (valfritt)

INSTRUKTIONER:
a) I en mugg, kombinera varmt vatten, belgisk whisky eller genever och honung.
b) Lägg till en citronskiva i blandningen.
c) Om så önskas, fyll citronskivan med kryddnejlika.
d) Rör om ordentligt och låt dra i några minuter innan servering.

37. Chai Hot Toddy

INGREDIENSER:
- 3 koppar vatten
- 1 kanelstång
- 6 hela nejlikor
- 6 kardemummaskidor, lätt krossade
- 2 chai tepåsar
- ¼ kopp kryddad rom eller bourbon
- 2 matskedar honung
- 1 msk färskpressad citronsaft eller 2 citronklyftor

INSTRUKTIONER:
a) I en medelstor kastrull, kombinera vatten, kanelstänger, kryddnejlika och lätt krossade kardemummaskidor. Om du har en teinfuser kan du lägga kryddorna i den för att undvika att det blir ansträngande senare. Låt blandningen koka upp.

b) Ta kastrullen från värmen och tillsätt chai-tepåsarna. Täck över och låt dem dra i 15 minuter. Sila sedan blandningen genom en finmaskig sil för att ta bort tepåsarna och kryddorna.

c) Häll tillbaka det kryddade teet i pannan och värm tills det är varmt.

d) Rör ner kryddad rom (eller bourbon), honung och citronsaft om du föredrar det. Blanda väl.

e) Fördela den varma toddyn mellan två värmda muggar och servera genast. Alternativt, servera varje mugg med en citronklyfta för att pressa i juice efter smak. Njut av!

38.Peach Hot Toddy

INGREDIENSER:
- 40 oz (1 flaska) persikojuice
- 1/4 kopp farinsocker (förpackat)
- 2 kanelstänger
- 2 msk smör/margarin
- 1/2 kopp persikosnaps (valfritt)
- Ytterligare kanelstänger som garnering.

INSTRUKTIONER:
a) Kombinera juice, farinsocker, kanelstänger och smör/margarin i en holländsk ugn eller täckt kastrull och värm till en kokning.
b) Ta av från värmen och släng kanelstängerna, tillsätt snapsen, (om så önskas) garnera med en persikoskiva och kanelstång och servera.

39.Elderberry Hot Toddy Elixir

INGREDIENSER:
- 2 koppar irländsk whisky
- ½ kopp torkade fläder
- 2-tums knopp färsk ingefära, tunt skivad
- 1- till 3-tums kanelstång, trasig
- 6 till 8 hela nejlikor
- ½ kopp honung

INSTRUKTIONER:
a) Kombinera whisky, fläder, ingefära, kanel och kryddnejlika i en medelstor kastrull.
b) Sjud i 1 timme på låg värme, rör om då och då. Koka inte.
c) Ta av från värmen efter 1 timme. Täck över och låt stå i 1 timme.
d) Medan whiskyblandningen fortfarande är varm, häll genom en finmaskig sil i en masonburk. Kasta bort örterna och kryddorna.
e) Rengör kastrullen och lägg tillbaka whiskyn i kastrullen.
f) Tillsätt honungen i den varma whiskyn och rör om försiktigt tills den är väl införlivad.
g) När det svalnat helt, häll ner i masonburken eller en fin likörflaska och förvara i skafferiet i rumstemperatur.

40. Heather Honey Hot Toddy

INGREDIENSER:
- 2 oz skotsk whisky
- 1 msk ljunghonung
- Varmt vatten
- Citronklyfta
- Kryddnejlika (valfritt)

INSTRUKTIONER:
a) Mät upp 2 uns av din favorit skotsk whisky i en mugg.
b) Tillsätt en matsked ljunghonung i muggen.
c) Pressa en klyfta citron i muggen. Eventuellt kan du sticka in några kryddnejlika i citronklyftan för extra smak.
d) Häll varmt vatten i muggen, fyll den till önskad styrka.
e) Rör om blandningen väl, se till att honungen är helt upplöst.
f) Låt drycken dra i en minut eller två för att låta smakerna smälta.
g) Smaka av och justera sötman eller syrligheten genom att tillsätta mer honung eller citron om det behövs.
h) Ta bort citronklyftan och kryddnejlika.

41. Glögg rosmarinvin & svart te

INGREDIENSER:
- 1 Flaskröd; ELLER... annat fylligt rött vin
- 1 liter Svart te pref. Assam eller Darjeeling
- ¼ kopp Mild honung
- ⅓ kopp Socker; eller efter smak
- 2 Apelsiner skivade tunt och kärnade
- 2 Kanelstänger (3 tum)
- 6 Hela kryddnejlika
- 3 Rosmarinkvistar

INSTRUKTIONER:

a) Doften av denna dryck är inbjudande och punschen kan hållas varm på mycket låg värme i några timmar, vilket gör att huset doftar underbart. Om du har rester, ta bort apelsiner och rosmarin, låt stansen svalna till rumstemperatur och ställ sedan i kylen. Återuppvärmd försiktigt med färska apelsiner och rosmarin blir punschen lite starkare, men ändå ganska njutbar.

b) Häll vinet och teet i en korrosionsfri kastrull. Tillsätt honung, socker, apelsiner, kryddor och rosmarin. Värm på låg värme tills den knappt ångar. Rör om tills honungen är upplöst.

c) Ta kastrullen från värmen, täck över och låt stå i minst 30 minuter. När du är redo att servera, värm tills den bara är ångande och servera varm.

42.Mulled Ale med kryddor och konjak

INGREDIENSER

- 18 uns julöl
- 2½ matskedar mörkt farinsocker
- 4-6 kryddnejlika efter smak
- 2-stjärnig anis
- 1 kanelstång
- ½ tesked mald muskotnöt
- 6 stycken apelsinskal
- 3 uns konjak

INSTRUKTIONER

a) Blanda ale (en och en halv flaska, 18 ounce totalt) i en kastrull eller en liten gryta med farinsocker och muskotnöt, tillsätt kryddnejlika, stjärnanis, kanelstång och apelsinskal.
b) Låt sjuda försiktigt (låt inte koka), rör om så att sockret löser sig och låt puttra i 2-3 minuter för att bli väl genomsyrad av kryddorna.
c) Ta bort från värmen och tillsätt konjak.
d) Servera i muggar, garnerade med en apelsinskiva, och njut på ett ansvarsfullt sätt.

43. Kardemumma och roskryddad varm choklad

INGREDIENSER:
- 2 dl mjölk (mejeri eller alternativ mjölk)
- 2 matskedar kakaopulver
- 2 msk socker (justera efter smak)
- ½ tsk mald kardemumma
- ¼ tesked rosenvatten
- Nypa mald kanel
- Vispad grädde och torkade rosenblad till garnering
- Marshmallows, till topping

INSTRUKTIONER:

a) Värm mjölken på medelvärme i en kastrull tills den är varm men inte kokar.

b) I en liten skål, vispa ihop kakaopulver, socker, kardemumma, rosenvatten och kanel.

c) Vispa gradvis kakaoblandningen i den varma mjölken tills den är väl blandad och slät.

d) Fortsätt att värma blandningen tills den når önskad temperatur, rör om då och då.

e) Häll den kryddade varma chokladen i muggar och garnera med vispad grädde, marshmallows och torkade rosenblad. Servera och njut!

44. Mexikansk-inspirerad kryddad varm choklad

INGREDIENSER:
- 2 dl mjölk (mejeri eller alternativ mjölk)
- 2 uns mörk choklad, finhackad
- 2 matskedar kakaopulver
- 2 msk socker (justera efter smak)
- ½ tsk mald kanel
- ¼ tesked mald muskotnöt
- Nypa cayennepeppar (valfritt)
- Vispad grädde och kakaopulver till garnering

INSTRUKTIONER:
a) Värm mjölken på medelvärme i en kastrull tills den är varm men inte kokar.
b) Tillsätt den hackade mörka chokladen, kakaopulver, socker, kanel, muskotnöt och cayennepeppar (om du använder) till mjölken.
c) Vispa kontinuerligt tills chokladen smält och blandningen är slät och väl sammanblandad.
d) Fortsätt att värma den kryddade varma chokladen, rör om då och då, tills den når önskad temperatur.
e) Häll upp i muggar, toppa med vispad grädde och pudra med kakaopulver. Servera och njut!

45.Pepparkakor kryddad varm choklad

INGREDIENSER:
- 2 dl mjölk (mejeri eller alternativ mjölk)
- 2 matskedar kakaopulver
- 2 msk farinsocker
- ½ tesked mald ingefära
- ½ tsk mald kanel
- ¼ tesked mald muskotnöt
- Nypa mald kryddnejlika
- Vispad grädde och pepparkakssmulor till garnering

INSTRUKTIONER:
a) Värm mjölken på medelvärme i en kastrull tills den är varm men inte kokar.
b) Vispa ihop kakaopulver, farinsocker, ingefära, kanel, muskotnöt och kryddnejlika i en liten skål.
c) Vispa gradvis kakaoblandningen i den varma mjölken tills den är väl blandad och slät.
d) Fortsätt att värma den kryddade varma chokladen, rör om då och då, tills den når önskad temperatur.
e) Häll upp i muggar, toppa med vispad grädde och strö pepparkakssmulor ovanpå. Servera och njut!

46.Chai kryddad varm choklad

INGREDIENSER:
- 2 dl mjölk (mejeri eller alternativ mjölk)
- 2 matskedar kakaopulver
- 2 msk socker (justera efter smak)
- 1 tsk chai teblad (eller 1 chai tepåse)
- ½ tsk mald kanel
- ¼ tesked mald kardemumma
- Nypa mald ingefära
- Vispad grädde och ett stänk kanel till garnering

INSTRUKTIONER:
a) Värm mjölken på medelvärme i en kastrull tills den är varm men inte kokar.
b) Tillsätt chai -tebladen (eller tepåsen) i mjölken och låt dra i 5 minuter. Ta bort tebladen eller tepåsen.
c) I en liten skål, vispa ihop kakaopulver, socker, kanel, kardemumma och ingefära.
d) Vispa gradvis kakaoblandningen i den varma mjölken tills den är väl blandad och slät.
e) Fortsätt att värma den kryddade varma chokladen, rör om då och då, tills den når önskad temperatur.
f) Häll upp i muggar, toppa med vispad grädde och strö över kanel. Servera och njut!

47.Peta varm choklad

INGREDIENSER:
- ½ kopp osötat kakaopulver
- ½ kopp socker
- 1 skvätt salt
- ½ kopp vatten
- 6 dl vanilj sojamjölk
- tofu vispad grädde
- kanelstänger

INSTRUKTIONER:
a) I en 2 liters kastrull, rör ihop kakao, socker och salt tills det är väl blandat.
b) Tillsätt vattnet och rör tills det är slätt. Koka blandningen över medelvärme tills den kokar, rör hela tiden med en sked eller trådvisp.
c) Sänk värmen och koka i 2 minuter till under konstant omrörning.
d) Rör ner sojamjölken och värm tills små bubblor bildas runt kanten, rör hela tiden. Ta kastrullen från värmen. Vispa med en trådvisp eller elektrisk mixer tills den är slät och skum, häll sedan i 8-ounce muggar.
e) Toppa med vispad tofu och garnera med kanelstänger.

48.Red Velvet Hot Chocolate

INGREDIENSER:
- 14 uns sötad kondenserad mjölk
- 1 kopp tung grädde
- 6 dl helmjölk
- 1 kopp halvsöta chokladchips
- 1 msk vaniljextrakt
- 1 msk färskost
- 4 droppar röd matgel

INSTRUKTIONER:
a) Tillsätt den sötade kondenserade mjölken, chokladbitarna, grädden, mjölken och vaniljextraktet i din långkokare och koka på låg värme i 3 timmar, rör om varje timme. Choklad och mjölk i långsamkokaren
b) När chokladen har smält, rör ner färskosten och den röda matfärgen.
c) Fortsätt tillaga om så önskas, eller sänk värmen för att bli varm och servera. Choklad i slow cookern
d) Om blandningen är för tjock för dina preferenser kan du späda den med ytterligare mjölk eller vatten. Röd sammet varm choklad i en klar mugg.

49.Ostig varm choklad

INGREDIENSER:
- 2 dl mjölk
- ½ kopp tung grädde
- 1 dl riven amerikansk ost
- 2 matskedar kakaopulver
- 2 matskedar socker
- 1 tsk vaniljextrakt

INSTRUKTIONER:
a) Värm mjölken och grädden på medelvärme i en kastrull.
b) Tillsätt den rivna amerikanska osten och rör om tills den smält och blandas.
c) Tillsätt kakaopulver, socker och vaniljextrakt och rör om tills det är väl blandat.
d) Servera varm.

50. Getost och honung varm choklad

INGREDIENSER:
- 2 dl mjölk (mejeri eller alternativ mjölk)
- 2 matskedar kakaopulver
- 2 msk honung (anpassa efter smak)
- ¼ kopp getost, smulad
- Nypa salt
- Vispad grädde och en klick honung till garnering

INSTRUKTIONER:
a) Värm mjölken på medelvärme i en kastrull tills den är varm men inte kokar.
b) I en liten skål, vispa ihop kakaopulver, honung och salt.
c) Vispa gradvis kakaoblandningen i den varma mjölken tills den är väl blandad och slät.
d) Tillsätt den smulade getosten till den varma chokladen och vispa tills den smälter och införlivas i blandningen.
e) Fortsätt att värma den ostliknande varma chokladen, rör om då och då, tills den når önskad temperatur.
f) Häll upp i muggar, toppa med vispad grädde och ringla över honung. Servera och njut!

51.Blå ost Varm choklad

INGREDIENSER:
- 2 dl mjölk (mejeri eller alternativ mjölk)
- 2 matskedar kakaopulver
- 2 msk socker (justera efter smak)
- ¼ kopp ädelost, smulad
- Nypa salt
- Vispad grädde och ett strö smulad ädelost till garnering

INSTRUKTIONER:
a) Värm mjölken på medelvärme i en kastrull tills den är varm men inte kokar.
b) I en liten skål, vispa ihop kakaopulver, socker och salt.
c) Vispa gradvis kakaoblandningen i den varma mjölken tills den är väl blandad och slät.
d) Tillsätt den smulade ädelosten till den varma chokladen och vispa tills den smält och blandas med blandningen.
e) Fortsätt att värma den ostiga varma chokladen, rör om då och då, tills den når önskad temperatur.
f) Häll upp i muggar, toppa med vispad grädde och strö över smulad ädelost. Servera och njut!

52.Parmesan och havssalt varm choklad

INGREDIENSER:
- 2 dl mjölk (mejeri eller alternativ mjölk)
- 2 matskedar kakaopulver
- 2 msk socker (justera efter smak)
- ¼ kopp riven parmesanost
- Nypa havssalt
- Vispad grädde och ett stänk riven parmesan till garnering

INSTRUKTIONER:
a) Värm mjölken på medelvärme i en kastrull tills den är varm men inte kokar.
b) I en liten skål, vispa ihop kakaopulver, socker och havssalt.
c) Vispa gradvis kakaoblandningen i den varma mjölken tills den är väl blandad och slät.
d) Tillsätt den rivna parmesanosten till den varma chokladen och vispa tills den smält och blandas med blandningen.
e) Fortsätt att värma den ostiga varma chokladen, rör om då och då, tills den når önskad temperatur.
f) Häll upp i muggar, toppa med vispad grädde och strö över riven parmesan. Servera och njut!

53.Pepper Jack och Cayenne varm choklad

INGREDIENSER:
- 2 dl mjölk (mejeri eller alternativ mjölk)
- 2 matskedar kakaopulver
- 2 msk socker (justera efter smak)
- ¼ kopp riven peppar jack ost
- ¼ tesked cayennepeppar (anpassa efter krydda preferenser)
- Vispad grädde och ett stänk cayennepeppar till garnering

INSTRUKTIONER:
a) Värm mjölken på medelvärme i en kastrull tills den är varm men inte kokar.
b) I en liten skål, vispa ihop kakaopulver, socker och cayennepeppar.
c) Vispa gradvis kakaoblandningen i den varma mjölken tills den är väl blandad och slät.
d) Tillsätt den rivna pepperjackosten till den varma chokladen och vispa tills den smälter och införlivas i blandningen.
e) Fortsätt att värma den ostiga varma chokladen, rör om då och då, tills den når önskad temperatur.
f) Häll upp i muggar, toppa med vispad grädde och strö över cayennepeppar. Servera och njut!

54.Toblerone varm choklad

INGREDIENSER:
- 3 trekantiga stänger av Toblerone
- ⅓ kopp Söt grädde
- 1 Habaneros, finhackad

INSTRUKTIONER

a) Värm grädden på låg värme och smält chokladen.
b) Blanda ofta för att undvika "hot spots".
c) Variera mängden kräm beroende på önskad tjocklek när den svalnat.
d) När grädde och choklad är väl blandat, rör ner habaneros.
e) Låt svalna och servera med äpple- eller päronbitar.

55.Cheesy Hot Toddy

INGREDIENSER:
- 1 kopp varmt vatten
- ½ uns citronsaft
- 1 msk honung
- 1 kanelstång
- 1-ounce riven amerikansk ost

INSTRUKTIONER:
a) I en mugg, kombinera det varma vattnet, citronsaft, honung och kanelstång. Rör om för att kombinera.
b) Tillsätt den rivna amerikanska osten och rör om tills den smält och blandas.
c) Ta bort kanelstången och servera.

56.Kokos varm choklad

INGREDIENSER:
- 2 dl kokosmjölk
- 2 matskedar osötat kakaopulver
- 2 matskedar strösocker
- ½ tsk vaniljextrakt
- Vispad grädde (valfritt)
- Strimlad kokos till garnering (valfritt)

INSTRUKTIONER:

a) Vispa ihop kokosmjölk, kakaopulver, socker och vaniljextrakt i en kastrull.

b) Ställ kastrullen på medelvärme och rör om tills blandningen är varm och ångande (men inte kokar).

c) Ta av från värmen och häll den varma chokladen i muggar.

d) Toppa med vispad grädde och garnera med riven kokos om så önskas.

57.Ferrero Rocher varm choklad

INGREDIENSER:
- 2 dl mjölk
- ¼ kopp tung grädde
- 4 Ferrero Rocher -choklad, finhackad
- Vispad grädde (valfritt, för topping)
- Kakaopulver (valfritt, för att pudra)

INSTRUKTIONER:
a) Värm mjölken och grädden på medelvärme i en liten kastrull tills den är varm men inte kokar.
b) Tillsätt den hackade Ferrero Rocher -chokladen i kastrullen och vispa tills den smält och väl blandad.
c) Häll den varma chokladen i muggar.
d) Om så önskas, toppa med vispad grädde och pudra med kakaopulver.
e) Servera varm och njut av den rika och överseende Ferrero Rocher Hot Chocolate.

58.Honeycomb Candy Hot Chocolate

INGREDIENSER:
- 2 dl mjölk (mejeri eller växtbaserad)
- 2 matskedar kakaopulver
- 2 matskedar socker
- ¼ kopp honeycomb godis, krossad
- Vispad grädde och chokladspån för topping (valfritt)

INSTRUKTIONER:

a) Värm mjölken på medelvärme i en kastrull tills den är varm men inte kokar.

b) Vispa i kakaopulver och socker tills det är väl blandat och slätt.

c) Tillsätt det krossade bikakegodiset till den varma chokladblandningen.

d) Fortsätt att värma och rör om tills bikakegodiset har smält.

e) Häll den varma chokladen i muggar.

f) Toppa med vispad grädde och chokladspån om så önskas.

g) Njut av denna rika och dekadenta varma choklad med bikakegodis på en kylig dag.

59. Lönn varm choklad

INGREDIENSER:
- ¼ kopp socker
- 1 msk bakkakao
- ⅛ tesked salt
- ¼ kopp varmt vatten
- 1 msk smör
- 4 koppar mjölk
- 1 tsk lönnsmaksättning
- 1 tsk vaniljextrakt
- 12 marshmallows, uppdelade

INSTRUKTIONER:
a) Blanda socker, kakao och salt i en stor kastrull. Rör i varmt vatten och smör; koka upp på medelvärme.
b) Tillsätt mjölk, lönnsmak, vanilj och 8 marshmallows.
c) Värm igenom, rör om då och då, tills marshmallows har smält.
d) Häll i 4 muggar; toppa med resterande marshmallows.

60.Rose varm choklad

INGREDIENSER:
- 2 dl mjölk (mejeri eller alternativ mjölk)
- 2 matskedar kakaopulver
- 2 msk socker (justera efter smak)
- 1 tsk rosenvatten
- Vispad grädde och torkade rosenblad till garnering

INSTRUKTIONER:
a) Värm mjölken på medelvärme i en kastrull tills den är varm men inte kokar.
b) I en liten skål, vispa ihop kakaopulver och socker.
c) Rör ner rosenvattnet tills det är väl blandat.
d) Vispa gradvis kakaoblandningen i den varma mjölken tills den är slät och väl blandad.
e) Fortsätt att värma roséchokladen, rör om då och då, tills den når önskad temperatur.
f) Häll upp i muggar, toppa med vispad grädde och garnera med torkade rosenblad. Servera och njut!

61.Orange Blossom varm choklad

INGREDIENSER:
- 2 dl mjölk (mejeri eller alternativ mjölk)
- 2 matskedar kakaopulver
- 2 msk socker (justera efter smak)
- 1 tsk apelsinblomvatten
- Vispad grädde och apelsinskal till garnering

INSTRUKTIONER:

a) Värm mjölken på medelvärme i en kastrull tills den är varm men inte kokar.

b) I en liten skål, vispa ihop kakaopulver och socker.

c) Rör i apelsinblomsvattnet tills det är väl blandat.

d) Vispa gradvis kakaoblandningen i den varma mjölken tills den är slät och väl blandad.

e) Fortsätt att värma den varma apelsinblomchokladen, rör om då och då, tills den når önskad temperatur.

f) Häll upp i muggar, toppa med vispad grädde och garnera med apelsinskal. Servera och njut!

62. Fläderblomma varm choklad

INGREDIENSER:
- 2 dl mjölk (mejeri eller alternativ mjölk)
- 2 matskedar kakaopulver
- 2 msk socker (justera efter smak)
- 1 msk fläderblomssirap
- Vispad grädde och ätbara blommor till garnering

INSTRUKTIONER:
a) Värm mjölken på medelvärme i en kastrull tills den är varm men inte kokar.
b) I en liten skål, vispa ihop kakaopulver och socker.
c) Rör ner fläderblomssirapen tills den är väl blandad.
d) Vispa gradvis kakaoblandningen i den varma mjölken tills den är slät och väl blandad.
e) Fortsätt att värma fläderblomsvarma chokladen, rör om då och då, tills den når önskad temperatur.
f) Häll upp i muggar, toppa med vispad grädde och garnera med ätbara blommor. Servera och njut!

63.Hibiskus varm choklad

INGREDIENSER:

- 2 dl mjölk (mejeri eller alternativ mjölk)
- 2 matskedar kakaopulver
- 2 msk socker (justera efter smak)
- 1 msk torkade hibiskusblommor
- Vispad grädde och ett stänk av hibiskusblad till garnering

INSTRUKTIONER:

a) Värm mjölken på medelvärme i en kastrull tills den är varm men inte kokar.

b) I en liten skål, vispa ihop kakaopulver och socker.

c) Tillsätt de torkade hibiskusblommorna i den varma mjölken och låt dra i 5 minuter. Ta bort hibiskusblommorna.

d) Vispa gradvis kakaoblandningen i den varma mjölken tills den är väl blandad och slät.

e) Fortsätt att värma den varma hibiskuschokladen, rör om då och då, tills den når önskad temperatur.

f) Häll upp i muggar, toppa med vispad grädde och strö över hibiskusblad. Servera och njut!

64. Lavendel varm choklad

INGREDIENSER:
- 2 dl mjölk (mejeri eller alternativ mjölk)
- 2 matskedar kakaopulver
- 2 msk socker (justera efter smak)
- 1 tsk torkade lavendelblommor
- ½ tsk vaniljextrakt
- Vispad grädde och lavendelblad till garnering

INSTRUKTIONER:
a) Värm mjölken på medelvärme i en kastrull tills den är varm men inte kokar.
b) I en liten skål, vispa ihop kakaopulver och socker.
c) Tillsätt de torkade lavendelblommorna i den varma mjölken och låt dra i 5 minuter. Ta bort lavendelblommorna.
d) Vispa gradvis kakaoblandningen i den varma mjölken tills den är väl blandad och slät.
e) Rör ner vaniljextraktet.
f) Fortsätt att värma den lavendelinfunderade varma chokladen, rör om då och då, tills den når önskad temperatur.
g) Häll upp i muggar, toppa med vispad grädde och garnera med lavendelblad. Servera och njut!

65. Mörk Matcha varm choklad

INGREDIENSER:
- 1 skopa Fairtrade mörk varm choklad
- 1 miniskeda Matcha- pulver
- Ångad mjölk

INSTRUKTIONER:
a) Kombinera matchan med en skvätt varmt vatten och blanda till en slät massa
b) Fyll på med ångad mjölk, rör om medan du häller

66.Mint varm choklad

INGREDIENSER:
- 2 dl mjölk (mejeri eller alternativ mjölk)
- 2 matskedar kakaopulver
- 2 msk socker (justera efter smak)
- ¼ kopp färska myntablad
- ½ tsk vaniljextrakt
- Vispad grädde och färska myntablad till garnering

INSTRUKTIONER:
a) Värm mjölken på medelvärme i en kastrull tills den är varm men inte kokar.
b) I en liten skål, vispa ihop kakaopulver och socker.
c) Tillsätt de färska myntabladen i den varma mjölken och låt dra i 5 minuter. Ta bort myntabladen.
d) Vispa gradvis kakaoblandningen i den varma mjölken tills den är väl blandad och slät.
e) Rör ner vaniljextraktet.
f) Fortsätt att värma den mint-infunderade varma chokladen, rör om då och då, tills den når önskad temperatur.
g) Häll upp i muggar, toppa med vispad grädde och garnera med färska myntablad. Servera och njut!

67.Rosmarin varm choklad

INGREDIENSER:
- 2 dl mjölk (mejeri eller alternativ mjölk)
- 2 matskedar kakaopulver
- 2 msk socker (justera efter smak)
- 2 kvistar färsk rosmarin
- ½ tsk vaniljextrakt
- Vispad grädde och en kvist rosmarin till garnering

INSTRUKTIONER:
a) Värm mjölken på medelvärme i en kastrull tills den är varm men inte kokar.
b) I en liten skål, vispa ihop kakaopulver och socker.
c) Tillsätt de färska rosmarinkvistarna i den varma mjölken och låt dra i 5 minuter. Ta bort rosmarinkvistarna.
d) Vispa gradvis kakaoblandningen i den varma mjölken tills den är väl blandad och slät.
e) Rör ner vaniljextraktet.
f) Fortsätt att värma den rosmarininfunderade varma chokladen, rör om då och då, tills den når önskad temperatur.
g) Häll upp i muggar, toppa med vispad grädde och garnera med en kvist rosmarin. Servera och njut!

68.Basilika varm choklad

INGREDIENSER:
- 2 dl mjölk (mejeri eller alternativ mjölk)
- 2 matskedar kakaopulver
- 2 msk socker (justera efter smak)
- ¼ kopp färska basilikablad
- ½ tsk vaniljextrakt
- Vispad grädde och färska basilikablad till garnering

INSTRUKTIONER:
a) Värm mjölken på medelvärme i en kastrull tills den är varm men inte kokar.
b) I en liten skål, vispa ihop kakaopulver och socker.
c) Tillsätt de färska basilikabladen i den varma mjölken och låt dra i 5 minuter. Ta bort basilikabladen.
d) Vispa gradvis kakaoblandningen i den varma mjölken tills den är väl blandad och slät.
e) Rör ner vaniljextraktet.
f) Fortsätt att värma den basilika-infunderade varma chokladen, rör om då och då, tills den når önskad temperatur.
g) Häll upp i muggar, toppa med vispad grädde och garnera med färska basilikablad. Servera och njut!

69.Salvia varm choklad

INGREDIENSER:
- 2 dl mjölk (mejeri eller alternativ mjölk)
- 2 matskedar kakaopulver
- 2 msk socker (justera efter smak)
- 2 kvistar färsk salvia
- ½ tsk vaniljextrakt
- Vispad grädde och ett salviablad till garnering

INSTRUKTIONER:
a) Värm mjölken på medelvärme i en kastrull tills den är varm men inte kokar.
b) I en liten skål, vispa ihop kakaopulver och socker.
c) Tillsätt de färska salviakvistarna i den varma mjölken och låt dra i 5 minuter. Ta bort salviakvistarna.
d) Vispa gradvis kakaoblandningen i den varma mjölken tills den är väl blandad och slät.
e) Rör ner vaniljextraktet.
f) Fortsätt att värma den salvia-infunderade varma chokladen, rör om då och då, tills den når önskad temperatur.
g) Häll upp i muggar, toppa med vispad grädde och garnera med ett salviablad. Servera och njut!

70.Oreo vit varm choklad

INGREDIENSER:
- 4 ½ dl helmjölk
- ⅔ kopp sötad kondenserad kokosmjölk
- ⅔ kopp vita chokladchips
- ½ tsk vaniljextrakt
- 1 tsk kaka & gräddsirap
- 8 Oreokakor
- vispad grädde till garnering

INSTRUKTIONER:
a) Tillsätt mjölk, sötad kondenserad mjölk, vanilj och kakor och gräddsirap i en stor kastrull på medelvärme.
b) Ta bort fyllningen från dina Oreo-kakor och tillsätt cremefyllningen till ingredienserna i en kastrull. Ställ kakorna åt sidan för senare. Tillsätt vita chokladbitar i pannan.
c) Vispa ingredienserna i kastrullen tills de vita chokladbitarna är helt smälta.
d) Häll rykande vit varm choklad i muggar och toppa med en generös klick vispgrädde.
e) Avsluta med smulade Oreo-kakor.

71.Biscoff varm choklad

INGREDIENSER:
- 2 dl helmjölk
- ¼ kopp Biscoff- pålägg
- 2 matskedar osötat kakaopulver
- 2 matskedar strösocker
- Vispad grädde (valfritt, för topping)
- Biscoff kaksmulor (valfritt, för garnering)

INSTRUKTIONER:

a) Värm helmjölken på medelvärme i en liten kastrull tills den är varm men inte kokar.

b) Vispa i Biscoff -pålägget, kakaopulver och strösocker tills det är väl blandat och slätt.

c) Fortsätt att värma blandningen, vispa då och då, tills den är varm och ångande.

d) Ta kastrullen från värmen och häll den varma Biscoffchokladen i muggar.

e) Toppa med vispad grädde och strö över Biscoff kaksmulor, om så önskas.

f) Servera Biscoff varma chokladen direkt och njut!

72. Snickerdoodle varm choklad

INGREDIENSER:
- 2 dl mjölk
- 2 matskedar vita chokladchips
- 1 matsked socker
- ½ tsk vaniljextrakt
- ½ tsk mald kanel
- Kanelstänger (valfritt, för garnering)

INSTRUKTIONER:
a) Värm mjölken på medelvärme i en kastrull tills den är varm men inte kokar.
b) Tillsätt de vita chokladbitarna, sockret, vaniljextraktet och malen kanel till den varma mjölken.
c) Vispa hela tiden tills de vita chokladbitarna smält och blandningen blir slät.
d) Fortsätt att värma blandningen ytterligare några minuter tills den når önskad temperatur.
e) Häll upp i muggar och garnera med en kanelstång om så önskas.

73. Mint Chocolate Chip Hot Chocolate

INGREDIENSER:
- 2 dl mjölk
- 2 matskedar kakaopulver
- 2 matskedar socker
- ¼ tesked pepparmyntsextrakt
- Grön matfärg (valfritt)
- Vispad grädde (valfritt)
- Mintkakor med krossad choklad (valfritt, för garnering)

INSTRUKTIONER:
a) Värm mjölken på medelvärme i en kastrull tills den är varm men inte kokar.
b) Tillsätt kakaopulver, socker, pepparmyntsextrakt och några droppar grön matfärg (om du använder) till den varma mjölken.
c) Vispa tills kakaopulvret och sockret är helt löst och blandningen är väl blandad.
d) Fortsätt att värma blandningen ytterligare några minuter tills den når önskad temperatur .
e) Häll upp i muggar och toppa med vispad grädde och krossade chokladmyntkakor, om så önskas.

74. Gingerbread Hot Chocolate

INGREDIENSER:
- 2 dl mjölk
- 2 matskedar kakaopulver
- 2 matskedar socker
- ½ tesked mald ingefära
- ¼ tesked mald kanel
- ⅛ tesked mald muskotnöt
- Vispad grädde (valfritt)
- Pepparkakssmulor (valfritt, för garnering)

INSTRUKTIONER:
a) Värm mjölken på medelvärme i en kastrull tills den är varm men inte kokar.
b) Tillsätt kakaopulver, socker, mald ingefära, mald kanel och mald muskot till den varma mjölken.
c) Vispa tills alla ingredienser är väl kombinerade och blandningen är slät.
d) Fortsätt att värma blandningen ytterligare några minuter tills den når önskad temperatur.
e) Häll upp i muggar och toppa med vispad grädde och ett stänk av pepparkakssmulor, om så önskas.

75.Glögg

INGREDIENSER :
- 1 flaska rött vin
- 2 apelsiner
- 3 kanelstänger
- 5 stjärnanis
- 10 hela kryddnejlika
- 3/4 kopp farinsocker

INSTRUKTIONER:
a) Lägg alla ingredienser utom apelsinerna i en medelstor kastrull.
b) Använd en vass kniv eller skalare och skala hälften av en apelsin. Undvik att skala så mycket märg (vit del) som möjligt, eftersom det har en bitter smak.
c) Juice apelsinerna och lägg i grytan tillsammans med apelsinskalet.
d) Värm blandningen på medelhög värme tills den precis ångar. Sänk värmen till låg sjud. Värm i 30 minuter för att låta kryddorna dra.
e) Sila av vinet och servera i värmetåliga koppar.

76.Pudsey björnkex Varm choklad

INGREDIENSER:
- Pudsey björnkex (några bitar)
- Mjölk (2 koppar)
- Varm chokladmix eller kakaopulver (2-3 matskedar)
- Socker (efter smak, valfritt)

INSTRUKTIONER:
a) Börja med att krossa Pudsey björnkexen i små bitar. Du kan använda en kavel eller en matberedare för detta steg.
b) Värm mjölken på medelhög värme i en kastrull. Rör om då och då för att förhindra brännhet.
c) När mjölken är varm men inte kokar, tillsätt de krossade Pudsey-björnkexen i kastrullen. Rör om försiktigt för att kombinera.
d) Låt kexen dra i mjölken i ca 5-10 minuter. Detta kommer att hjälpa smakerna att smälta samman.
e) Efter infusionstiden tar du kastrullen från värmen och silar av mjölken för att ta bort eventuella större kexbitar. Du kan använda en finmaskig sil eller ostduk för detta steg.
f) Återställ mjölken till låg värme och tillsätt den varma chokladmixen eller kakaopulvret. Rör om väl tills blandningen är slät och väl kombinerad.
g) Om så önskas kan du tillsätta socker efter smak. Tänk på att kexen redan kan tillföra lite sötma, så justera därefter.
h) När den varma chokladen är genomvärmd och alla ingredienser är väl införlivade, ta bort den från värmen.
i) Häll upp den varma chokladen i muggar och servera genast. Du kan garnera med vispad grädde, ett stänk kakaopulver eller ytterligare kexsmulor för en extra touch av Pudsey -björnsmak.

77. Brownie varm choklad

INGREDIENSER:
- 2 dl helmjölk
- ½ kopp tung grädde
- 3 uns bittersöt choklad, hackad
- 2 matskedar osötat kakaopulver
- 2 matskedar strösocker
- ¼ tesked vaniljextrakt
- Nypa salt
- Vispad grädde (till garnering)
- Browniebitar (för garnering)

INSTRUKTIONER:

a) Värm mjölken och grädden på medelhög värme i en medelstor kastrull tills det börjar sjuda. Låt det inte koka.

b) Tillsätt den hackade bittersöta chokladen, kakaopulver, strösocker, vaniljextrakt och en nypa salt i kastrullen. Vispa kontinuerligt tills chokladen smält och blandningen är slät och väl sammanblandad.

c) Fortsätt att värma blandningen på låg värme i cirka 5 minuter, rör om då och då, tills den tjocknar något.

d) Ta kastrullen från värmen och häll upp den varma chokladen i muggar.

e) Toppa varje mugg med en klick vispgrädde och strö några browniebitar över den vispade grädden.

f) Servera omedelbart och njut av din läckra Brownie Hot Chocolate!

78.Açaí varm choklad

INGREDIENSER:
- 1 ½ koppar Açaí puré
- 1 kopp fullfet kokosmjölk
- 2 ½ msk kakaopulver
- 1 tsk vaniljextrakt
- Nypa salt

INSTRUKTIONER:

a) Tillsätt alla ingredienser i en liten kastrull. Vispa ihop och låt sjuda på medelhög värme.

b) Sänk värmen till medel-låg och fortsätt sjuda tills den är genomvärmd.

c) Fördela jämnt mellan två muggar och garnera med dina favoritvarma kakaotoppar!

79.Schwarzwald varm choklad

INGREDIENSER:
VARM CHOKLAD:
- 1 dl helmjölk
- 2 matskedar strösocker
- 1 ½ msk osötat kakaopulver
- 1 msk Amarena körsbärsjuice
- ½ tsk rent vaniljextrakt
- 1/16 tsk havssalt
- 1 ½ uns 72% mörk choklad hackad

TOPPINGS:
- 4 matskedar tung vispgrädde vispad till mjuka toppar
- 2 Amarena körsbär
- 2 tsk mörk choklad lockar

INSTRUKTIONER:
a) Tillsätt mjölk, socker, kakaopulver, körsbärsjuice, vanilj och salt i en liten kastrull på medelvärme och vispa ihop.

b) När det puttrat, vispa i den hackade chokladen.

c) Låt sjuda och koka tills det tjocknat något, cirka 1 minut, under konstant vispning.

d) Häll upp i 2 muggar och toppa vardera med hälften av den vispade grädden, 1 körsbär och 1 tsk chokladslingor.

e) Servera omedelbart.

80.Kryddig aztekisk varm choklad med tequila

INGREDIENSER:
- 1 dl mjölk
- ¼ kopp tung grädde
- 2 uns mörk choklad, hackad
- ¼ tesked mald kanel
- ⅛ tesked chilipulver (anpassa efter smak)
- 1 uns tequila

INSTRUKTIONER:

a) Värm mjölken och grädden på medelvärme i en kastrull tills den är varm men inte kokar.

b) Ta kastrullen från värmen och tillsätt den hackade mörka chokladen. Rör om tills den smält och slät.

c) Rör ner malen kanel, chilipulver och tequila.

d) Häll upp i muggar och garnera med ett strö chilipulver eller vispad grädde om så önskas.

81.Jordgubbs varm choklad

INGREDIENSER:
- 2 dl mjölk
- ¼ kopp jordgubbssirap
- 2 matskedar osötat kakaopulver
- 2 matskedar strösocker
- Vispad grädde (valfritt)
- Färska jordgubbar för garnering (valfritt)

INSTRUKTIONER:

a) Vispa ihop mjölk, jordgubbssirap, kakaopulver och socker i en kastrull.

b) Ställ kastrullen på medelvärme och rör om tills blandningen är varm och ångande (men inte kokar).

c) Ta av från värmen och häll den varma chokladen i muggar.

d) Toppa med vispad grädde och garnera med färska jordgubbar om så önskas.

82.Apelsin varm choklad

INGREDIENSER:
- 2 dl mjölk
- ¼ kopp apelsinjuice
- 2 matskedar osötat kakaopulver
- 2 matskedar strösocker
- ½ tsk apelsinskal
- Vispad grädde (valfritt)
- Apelsinskivor till garnering (valfritt)

INSTRUKTIONER:
a) Vispa ihop mjölk, apelsinjuice, kakaopulver, socker och apelsinskal i en kastrull.
b) Ställ kastrullen på medelvärme och rör om tills blandningen är varm och ångande (men inte kokar).
c) Ta av från värmen och häll den varma chokladen i muggar.
d) Toppa med vispad grädde och garnera med apelsinskivor om så önskas.

83.Hallon varm choklad

INGREDIENSER:
- 2 dl mjölk
- ¼ kopp hallonsirap
- 2 matskedar osötat kakaopulver
- 2 matskedar strösocker
- Vispad grädde (valfritt)
- Färska hallon för garnering (valfritt)

INSTRUKTIONER:
a) Vispa ihop mjölk, hallonsirap, kakaopulver och socker i en kastrull.
b) Ställ kastrullen på medelvärme och rör om tills blandningen är varm och ångande (men inte kokar).
c) Ta av från värmen och häll den varma chokladen i muggar.
d) Toppa med vispad grädde och garnera med färska hallon om så önskas.

84.Banan varm choklad

INGREDIENSER:
- 2 dl mjölk
- 1 mogen banan, mosad
- 2 matskedar osötat kakaopulver
- 2 matskedar strösocker
- Vispad grädde (valfritt)
- Bananskivor för garnering (valfritt)

INSTRUKTIONER:

a) Vispa ihop mjölk, mosad banan, kakaopulver och socker i en kastrull.

b) Ställ kastrullen på medelvärme och rör om tills blandningen är varm och ångande (men inte kokar).

c) Ta av från värmen och häll den varma chokladen i muggar.

d) Toppa med vispad grädde och garnera med bananskivor om så önskas.

85. Nutella varm choklad

INGREDIENSER:
- ¾ kopp hasselnötslikör
- 13-ounce burk Nutella
- 1-quart halv-och-halva

INSTRUKTIONER:

a) Lägg halv och halv till låg värme i en kastrull och tillsätt Nutella.

b) Koka i ca 10 minuter och precis innan servering tillsätt hasselnötslikör.

86.PB&J-inspirerad varm choklad

INGREDIENSER:
- 2 dl mjölk
- ¼ kopp krämigt jordnötssmör
- ¼ kopp hallongelé eller sylt
- ¼ kopp halvsöta chokladchips
- 1 tsk vaniljextrakt
- Vispad grädde (valfritt)
- Chokladspån (valfritt)

INSTRUKTIONER:
a) Värm mjölken på medelhög värme i en medelstor kastrull.
b) Tillsätt jordnötssmör, hallongelé eller sylt, chokladchips och vaniljextrakt.
c) Vispa blandningen hela tiden tills chokladbitarna har smält och allt är väl blandat.
d) Ta kastrullen från värmen och häll upp blandningen i muggar.
e) Toppa med vispgrädde och chokladspån, om så önskas.
f) Servera omedelbart och njut av din läckra PB&J varma choklad!

87.Jordnötssmör Banan varm choklad

INGREDIENSER:
- 2 dl mjölk
- 2 matskedar kakaopulver
- 2 msk choklad- och jordnötspålägg (hemgjord eller köpt i butik)
- 1 mogen banan, mosad
- Vispad grädde (valfritt)
- Skivad banan (valfritt)

INSTRUKTIONER:

a) Värm mjölken på medelvärme i en kastrull tills den är varm men inte kokar.

b) Vispa i kakaopulvret tills det löst sig.

c) Tillsätt chokladen och jordnötsspridningen i kastrullen och rör om tills det smält och väl blandat.

d) Rör ner den mosade bananen tills den är inkorporerad.

e) Häll den varma chokladen i muggar och toppa med vispad grädde och skivad banan, om så önskas. Servera varm.

88.Serendipitys frysta varm choklad

INGREDIENSER:
- 1 ½ tsk sötad Van Houton kakao
- 1 ½ tsk Droste kakao
- 1 ½ msk socker
- 1 msk sött smör
- ½ kopp mjölk
- 3 uns mörk och ljus Godiva-smaksatt choklad (eller efter smak)
- ½ uns vardera av olika högkvalitativa choklad
- 1 generös slev av en blandning av importerad choklad
- ½ pint mjölk
- ½ liter krossad is
- Vispad grädde (till topping)
- Riven choklad (till garnering)
- 2 sugrör
- Iced tesked

INSTRUKTIONER:
a) Houton -kakaon, Droste -kakaon, socker och sött smör i en dubbelkokare, rör om tills det bildar en slät pasta.
b) Tillsätt mörk och ljus choklad med Godiva-smak och olika högkvalitativa choklad i dubbelpannan. Fortsätt att smälta chokladen, tillsätt gradvis mjölken under konstant omrörning tills blandningen är slät.
c) Låt blandningen svalna till rumstemperatur. När den svalnat, överför den till en kvartsmixer.
d) Tillsätt den generösa skänken av blandningen av importerad choklad, ½ pint mjölk och krossad is i mixern.
e) Mixa alla ingredienser tills blandningen når önskad konsistens. Om den blir för tjock kan du lägga till mer mjölk eller is för att justera den.
f) Häll den frysta varma chokladen i en grapefruktskål eller ett serveringsglas.
g) Toppa den med en hög vispad grädde och strö riven choklad över den vispade grädden.
h) Sätt in två sugrör i den frysta varma chokladen för att dricka och servera med en iskall tesked för att sluka.

89.Amaretto varm choklad

INGREDIENSER:
- 1 ½ uns Amaretto likör
- 6 uns varm choklad
- vispad grädde (valfritt)
- chokladspån (valfritt)

INSTRUKTIONER:
a) Tillsätt Amaretto-likör i en mugg.
b) Häll varm choklad över Amaretton.
c) Rör om för att kombinera.
d) Toppa med vispgrädde och chokladspån, om så önskas.

90.Vininfunderad varm choklad

INGREDIENSER:

- ½ kopp helmjölk
- ½ kopp halv och halv
- ¼ kopp mörk chokladchips
- ½ kopp Shiraz
- Några droppar vaniljextrakt
- 1 matsked socker
- Liten nypa salt

INSTRUKTIONER:

a) Kombinera mjölken, halv-och-halva, mörka chokladchips, vaniljextrakt och salt i en kastrull på låg värme.
b) Rör hela tiden för att förhindra att chokladen i botten bränns vid tills den är helt upplöst .
c) När den är fin och varm tar du bort den från värmen och häller i vino.
d) Blanda väl.
e) Smaka av den varma chokladen och justera sötman med socker.
f) Häll upp i en varm chokladmugg och servera genast.

91. Piggad pepparmynta varm choklad

INGREDIENSER:
- 1 dl mjölk
- ¼ kopp tung grädde
- 4 uns halvsöt choklad, hackad
- ¼ tesked pepparmyntsextrakt
- 2 uns pepparmyntssnaps

INSTRUKTIONER:
a) Värm mjölken och grädden på medelvärme i en kastrull tills den är varm men inte kokar.
b) Ta kastrullen från värmen och tillsätt den hackade chokladen. Rör om tills den smält och slät.
c) Rör ner pepparmintsextraktet och pepparmintssnapsen.
d) Häll upp i muggar och garnera med vispad grädde och krossade pepparmintsgodisar, om så önskas.

92.RumChata kryddad varm choklad

INGREDIENSER:
- 1 dl mjölk
- ¼ kopp tung grädde
- 2 uns halvsöt choklad, hackad
- ½ tsk mald kanel
- 1-ounce RumChata

INSTRUKTIONER:

a) Värm mjölken och grädden på medelvärme i en kastrull tills den är varm men inte kokar.

b) Ta kastrullen från värmen och tillsätt den hackade chokladen. Rör om tills den smält och slät.

c) Rör ner malen kanel och RumChata .

d) Häll upp i muggar och garnera med ett stänk kanel eller vispad grädde om så önskas.

93.Kryddad apelsin varm choklad

INGREDIENSER:
- 1 dl mjölk
- ¼ kopp tung grädde
- 2 uns mörk choklad, hackad
- Skal av 1 apelsin
- ¼ tesked mald kanel
- 1 uns Grand Marnier

INSTRUKTIONER:

a) Värm mjölken och grädden på medelvärme i en kastrull tills den är varm men inte kokar.

b) Ta kastrullen från värmen och tillsätt den hackade mörka chokladen. Rör om tills den smält och slät.

c) Rör ner apelsinskalet, malen kanel och Grand Marnier.

d) Häll upp i muggar och garnera med apelsinzest eller vispad grädde om så önskas.

94.Café Au Lait

INGREDIENSER:
- 3 matskedar snabbkaffe
- 1 kopp mjölk
- 1 kopp lätt grädde
- 2 koppar kokande vatten

INSTRUKTIONER:
a) Börja med att försiktigt värma mjölken och grädden på låg värme tills den når en varm temperatur.
b) När mjölken och grädden värms upp, lös snabbkaffet i det kokande vattnet.
c) Precis innan servering, använd en roterande visp för att vispa den uppvärmda mjölkblandningen tills den förvandlas till en skummig konsistens.
d) Ta sedan en förvärmd kanna och häll den skummande mjölkblandningen i den. Häll samtidigt det bryggda kaffet i en separat kanna.
e) När du är redo att servera, fyll kopparna genom att samtidigt hälla från båda kannorna, låt bäckarna kombineras medan du häller upp.

95.Klassisk amerikansk

INGREDIENSER:
- 1 shot espresso
- Varmt vatten

INSTRUKTIONER:
a) Förbered en shot espresso genom att brygga den.
b) Justera espressons styrka efter eget tycke genom att tillsätta varmt vatten.
c) Servera den som den är eller förhöj smaken med grädde och socker om så önskas.

96. Macchiato

INGREDIENSER:
- 2 shots espresso (2 ounces)
- 2 uns (¼ kopp) skum från helmjölk

INSTRUKTIONER:
a) Använd antingen en espressomaskin eller en manuell espressobryggare för att förbereda en enda shot espresso.
b) Lägg över espresson i en mugg. Alternativt kan du överväga att använda en Aeropress för att brygga espresso.
c) Om du använder en espressomaskin, värm ½ kopp mjölk tills den skållas. Du behöver i slutändan bara ¼ kopp mjölkskum.
d) Värm mjölken till en temperatur av 150 grader Fahrenheit; det ska kännas varmt vid beröring men ska inte sjuda. Du kan mäta detta med en mattermometer eller genom att testa det med fingret.
e) Använd en espressomaskin, en mjölkskummare, en fransk press eller en visp för att skumma mjölken till små, enhetliga bubblor.
f) För en macchiato, sträva efter att producera en generös mängd "torrt skum", som är den luftiga varianten av skum. En mjölkskummare fungerar särskilt bra för att uppnå denna typ av skum.
g) Använd en sked, skumma försiktigt bort det översta lagret av skum (det torra skummet) och placera det försiktigt ovanpå espresson. Du bör använda cirka ¼ kopp skum för en enda portion.

97.Mocka

INGREDIENSER:
- 18g mald espresso eller 1 espressokapsel
- 250 ml mjölk
- 1 tsk drickchoklad

INSTRUKTIONER:

a) Brygg cirka 35 ml espresso med en kaffemaskin och häll den i botten av din kopp. Tillsätt drickchokladen och blanda den ordentligt tills den blir slät.

b) Använd ångkokaren för att skumma mjölken tills den har ca 4-6 cm skum på ytan. Håll mjölkkannan med pipen ca 3-4 cm ovanför koppen och häll mjölken i en jämn ström.

c) När vätskenivån i koppen stiger, för mjölkkannan så nära dryckens yta som möjligt samtidigt som den riktas mot mitten.

d) När mjölkkannan nästan nuddar kaffets yta, luta den för att hälla snabbare. Medan du gör detta kommer mjölken att träffa baksidan av koppen och naturligt vikas in i sig själv, vilket skapar ett dekorativt mönster ovanpå din mocka.

98.Latte

INGREDIENSER:
- 18g mald espresso eller 1 espressokapsel
- 250 ml mjölk

INSTRUKTIONER:
a) Börja med att brygga cirka 35 ml espresso med din kaffemaskin och häll den i botten av din kopp.
b) Ånga mjölken med hjälp av ångkokaren tills den har cirka 2-3 cm skum på ytan.
c) Håll mjölkkannan med pipen placerad ca 3-4 cm ovanför koppen och häll mjölken stadigt.
d) När mjölkkannan nästan nuddar kaffets yta, luta den för att öka hällhastigheten. När du gör det kommer mjölken att träffa baksidan av koppen och naturligt börja vikas in i sig själv, vilket skapar ett dekorativt mönster på toppen.

99. Baileys Irish Cream Hot Chocolate

INGREDIENSER:
- 1 dl mjölk
- ¼ kopp tung grädde
- 2 uns halvsöt choklad, hackad
- 1 uns Baileys Irish Cream

INSTRUKTIONER:

a) Värm mjölken och grädden på medelvärme i en kastrull tills den är varm men inte kokar.

b) Ta kastrullen från värmen och tillsätt den hackade chokladen. Rör om tills den smält och slät.

c) Rör ner Baileys Irish Cream.

d) Häll upp i muggar och toppa med vispad grädde eller marshmallows om så önskas.

100.Mexikanskt kryddat kaffe

INGREDIENSER:

- 6 kryddnejlika
- 6 matskedar bryggt kaffe
- 6 Julienne apelsinskal
- 3 kanelstänger
- ¾ kopp Farinsocker, fast förpackat
- Vispad grädde (valfritt)

INSTRUKTIONER:

a) I en stor kastrull, värm 6 koppar vatten tillsammans med farinsocker, kanelstänger och kryddnejlika på medelhög värme tills blandningen är uppvärmd men var försiktig så att den inte kokar upp.
b) Tillsätt kaffet och låt blandningen koka upp, rör då och då i 3 minuter.
c) Filtrera kaffet genom en fin sil och servera det i kaffekoppar, garnera med apelsinskal.
d) Toppa med vispad grädde om så önskas.

SLUTSATS

När vi avslutar vår brasanresa genom "DEN ULTIMATA BRANDSIDEN VÄRMARE2024", hoppas vi att du har upplevt glädjen att skapa mysiga och minnesvärda stunder runt lägerelden. Varje recept på dessa sidor är en hyllning till värmen, smakerna och samvaron som definierar sammankomster vid brasan – ett bevis på de enkla nöjena att dela drinkar, godis och dela saker i sällskap med vänner och nära och kära.

Oavsett om du har smuttat på kryddad cider under stjärnorna, njutit av sliskig s'mores vid brasan, eller delat välsmakande bitar med vänner, litar vi på att dessa brasvärmare har lagt till en touch av magi till dina utomhusupplevelser. Utöver recepten, må konceptet med sammankomster vid brasan bli en källa till glädje, anslutning och skapandet av omhuldade minnen.

När du fortsätter att njuta av värmen från lägerelden, må "DEN ULTIMATA BRANDSIDEN VÄRMARE2024" vara din pålitliga följeslagare, och förse dig med en mängd härliga alternativ för att förbättra dina utomhusstunder. Här är till de sprakande lågorna, de mysiga sammankomsterna och de ultimata brasavärmarna som gör varje utomhuskväll speciell. Skål för att skapa bestående minnen runt lägerelden!

www.ingramcontent.com/pod-product-compliance
Lightning Source LLC
Chambersburg PA
CBHW071912110526
44591CB00011B/1644